L'ÉGLISE

ET

LES MONUMENTS DE L'ABBAYE CISTERCIENNE D'ACEY

(JURA)

I.

Sur la rive gauche de l'Ognon, à distance presque égale des châteaux forts de Pesmes et de Marnay, une colonie cistercienne sortie de Cherlieu, près de Jussey, fut appelée en 1134 pour fonder une nouvelle abbaye. L'emplacement choisi était un promontoire désert, complètement isolé au nord par la rivière poissonneuse qui baignait sa base et des prairies marécageuses, au sud par de vastes forêts rattachées au massif montagneux de la Serre, inhabité et impénétrable. Quoiqu'un chemin fort ancien venant de Besançon par Jallerange, Pagney, Vitreux, Ougney, côtoyât, pour gagner Montrambert et Dammartin, les terres où allait s'élever le nouveau cloître, celles-ci, masquées d'un côté par l'ombre des bois de Vaudenay, protégées de l'autre par des eaux profondes, réalisaient l'idéal d'une fondation monastique (1). Au xii° siècle, les *fundi* de l'épo-

---

(1) « Multum amœnitatis habet locus ille Aceyi, propter eminentem situm, è quo facile pascuntur undequaque oculi, tam per planitiem pra-

que romaine, distribués aux temps mérovingiens entre les chefs burgondes, fractionnés et réduits au temps de Charlemagne et de ses successeurs, avaient été absorbés soit par la création de nouveaux apanages féodaux, soit par des distributions princières aux monastères et aux chapitres. Sur le point même où devait s'élever l'abbaye d'Acey, dont le nom *Accium* avait été emprunté à l'osier des marais voisins, sauf à être remplacé plus tard par le vocable *Accinctum*, représentant ingénieusement le site que nous venons de décrire, se rejoignaient les domaines des deux cathédrales de Saint-Étienne et de Saint-Jean de Besançon et des deux abbayes bénédictines de Saint-Oyan de Joux et de Baume-les-Messieurs. Toutes les bonnes volontés se groupèrent spontanément pour abandonner aux fils du grand abbé de Clairvaux, alors arbitre incontesté des rois et des papes, un large territoire. L'archevêque de Besançon et ses chanoines, le comte de Bourgogne Rainaud III et ses grands barons, l'abbé de Saint-Oyan, une foule de chevaliers et de clercs s'empressèrent d'abandonner aux bernardins leurs champs, leurs forêts, leurs pêcheries, pour assurer à la fois leur vie et leur dépendance, et faciliter leurs entreprises agricoles. Dans une région représentant huit lieues de long sur trois à quatre de large, l'abbé d'Acey se trouva, presque au jour de son arrivée, nanti d'un terroir assez considérable pour y créer, à bref délai, huit centres de culture importants, autour de granges

---

torum quæ latissima et fertilissima est, quamque alluit famosi nominis fluvius, dictus l'Oignon, quam per copiosam castrorum, pagorumve multitudinem perspectivamque mirabilem et jucundam visu.

Insignia hujus abbatiæ sunt aquila expansa nigra, rostro a dextris verso, in campo aureo, cum mitrâ et baculo pastorali, mantili illi appenso....

Dedicatio ecclesiæ Accincti celebratur quolibet anno die 23ᵃ mensis aprilis, in cujus ecclesiâ sunt decem altaria. »

(Notes inédites du P. André de Saint-Nicolas, tirées de sa *Décade historique* sur la Franche-Comté, vers 1712.)

que des groupes de profès, de novices ou d'ouvriers allaient construire et exploiter. Mais l'œuvre capitale dont les colons venus de Cherlieu s'occupèrent avec une activité prodigieuse, en bénéficiant du courant irrésistible qui leur prodiguait toutes les ressources, hommes, argent, matériaux, fut naturellement la construction d'un monastère et d'une église dignes, par leurs dimensions monumentales, du zèle qui les animait et des espérances qu'on mettait en eux. Je ne referai point ici le tableau, si attrayant cependant, de ces chantiers ouverts à la fois sur tous les points de l'ancienne Bourgogne, bientôt de toute la France et de l'Europe entière, par les cisterciens secondés des mêmes foules enthousiastes que saint Bernard entrainera bientôt sur les chemins de la Palestine. Même en limitant l'horizon à l'espace compris entre les cimes des Vosges et celles du Jura, nous compterions, s'élevant à la fois, treize grandes abbayes d'hommes, quatre de femmes, couvrant notre sol d'une blanche ceinture d'églises.

Acey, dont les religieux étaient devenus assez nombreux pour suffire à toutes les tâches et même pour envoyer jusqu'en Hongrie un essaim de profès pour y coloniser à leur tour, trouva assez d'élan dans son propre personnel, assez de secours dans les chefs d'un ordre qui effaçait les glorieux souvenirs du Mont-Cassin et de Cluny, assez d'appui dans les populations riveraines, pour amener à bien, dans le siècle même qui l'avait fondée, la consolidation de son œuvre. Un grand bienfaiteur dont la main fut aussi large pour verser des subsides que forte pour aplanir les difficultés et grouper les bons vouloirs, le comte Raynaud III, eut dans ce résultat une part décisive dont le souvenir dura aussi longtemps que sa statue placée au-dessus de la porte de l'église abbatiale, au pied de laquelle, il y a deux cents ans, on lisait encore cette inscription en lettres capitales du XIIIe siècle : RAYNALDVS COMES BVRGVNDIE ANNO M C XXXVIII FVNDAVIT CENOBIVM ACCINCTI.

Les bienfaits de Rainaud furent continués par sa fille Béatrix et par son gendre Frédéric Barberousse, qui se déclara le protecteur d'Acey, et confirma en 1156 tous ses privilèges. Mais vint la lutte de la Papauté et de l'Empire, le schisme dans lequel l'épiscopat, peuplé de créatures impériales, entraîna les ambitieux et les faibles. A ce courant, qui détermina bien des défaillances, les cisterciens résistèrent avec un courage étonnant ; persécutés, bannis par Frédéric; spoliés par les fils de ceux-là mêmes qui les avaient dotés naguère, les moines d'Acey, de Bellevaux, de Clairefontaine et bien d'autres virent leur liberté menacée, leurs granges et leurs monastères dévastés et pillés, la construction de leurs églises et l'achèvement de leurs cloîtres interrompus et compromis. Mais quand l'apaisement vint, quand la papauté triompha de toutes les discordes, une recrudescence de libéralités et de faveurs indemnisa les abbayes franc-comtoises des injures supportées pour la bonne cause (1). La seconde moitié du XIIe siècle avait vu s'élever dans l'enceinte d'Acey, outre le sanctuaire et une partie du transept de l'église, les allées du cloître et tous les lieux réguliers disposés sur leurs flancs, un moulin que faisaient mouvoir les eaux de l'Ognon, des étables et des greniers disposés dans une basse-cour, une maison des hôtes et une petite chapelle flanquant la porterie. L'église, de proportion grandiose, dont le chevet prenait jour à l'est et dont le transept s'appuyait vers la gauche à l'allée méridionale du cloître, n'attendait plus que le complément de sa triple nef; le XIIIe siècle acheva le monumental vaisseau et le porche, grâce aux dons de Marguerite de Blois, veuve

---

(1) Voir le détail des dons et de leur confirmation par les papes et les souverains dans le Cartulaire original d'Acey conservé à la Bibliothèque nationale (fonds latin, n° 5683) et dans le chartrier de l'abbaye, conservé pour les 4/5 aux Archives du Jura, pour 1/5 aux Archives de la Haute-Saône, formant environ quatre-vingts cartons volumineux de pièces originales des XIIe-XVIIIe siècles.

d'Othon de Méranie, et de Jean de Chalon l'Antique, devenu en fait comte de Bourgogne. La dédicace de l'église, vouée comme toutes les églises de Citeaux au patronage de Notre-Dame, eut lieu vers 1260, le 21 d'avril. A défaut d'un texte précis, constatons que dès cette époque les nobles du voisinage choisissent leur sépulture dans le chapitre ou à côté du maitre-autel, et que jusqu'au xvie siècle cette clientèle funéraire contribua grandement au décor et à l'embellissement d'un édifice dont les statuts primitifs des bernardins avaient banni le luxe des sculptures, des peintures et des vitraux. Moins heureuse que Cherlieu sa mère, que la Charité ou Mont-Sainte-Marie, ses sœurs, où nos comtes ou la maison princière des Chalon-Arlay avaient marqué leur sépulture, Acey, qui ne devait pas moins à leurs largesses, fut la nécropole préférée des Arguel, des Pesmes, des Corcondray, des Montmirey et surtout de la maison de Rye, dont le château voisin, Balançon, le protégeait du côté de l'ouest contre les incursions du dehors. Les tombeaux des de Rye occupaient dans le chœur, entre le maitre-autel et un second autel où chaque jour on célébrait pour leurs âmes une messe basse, une place d'honneur qui ne leur fut jamais disputée. J'ai publié naguère toutes les épitaphes de l'église d'Acey dans mes inscriptions des abbayes cisterciennes [1], je n'y reviendrai point, me bornant à joindre à cette étude le dessin inédit de la

---

(1) *Les Inscriptions cisterciennes de Franche-Comté*, dans le *Bulletin de l'Académie* de Besançon, 1882, p 280-341. — J'ajouterai comme supplément à cette série la tombe d'Étienne Patouillet, doyen de Dole, abbé d'Acey, nommé par bref apostolique, mort à Salins, le 7 janvier 1696, avant d'avoir pris possession de son bénéfice. « [*Hic requiescit*] *Stephanvs Patouillet pbr . abbas . d'Acey . a br . [eve] apostolico . nominatvs ecclesiæ . Dolanæ . B. Mariæ Virginis . decanvs . [Salinis] Domi . svæ . Febri [defunc]tvs ecclesiasticis sacris . rite . mvnitvs Christianam . cœlo . animam [trans]misit . VII . idvs . janvarias . anno . salvtis . MDCXCVI . ætatis svæ . LXII mortales hic . exvuias [deponi] volvit . ad . secvndvm Christi . adventvm. »*
(Dalle haute de 1 mètre 10, large de 80 cent. (*Musée de Salins*).

dalle armoriée qui recouvrait le cœur de Louis de Rye évêque de Genève (15 -1550) (enseveli dans sa chapelle de Thervay, près de Balançon, dont il venait d'embellir le château), et deux textes épigraphiques inédits (1). En 1477, l'abbaye d'Acey, que les Grandes Compagnies installées à Étrabonne ont visitée au xive siècle, fut complètement dépouillée par les soldats de Louis XI, qui emmenèrent prisonnier à Gray l'abbé Jacques de Balerne, dont la rançon fut payée par la vente du château de Morogne (2). La désolation fut portée à son comble par les événements lugubres qui succédèrent à la prise de Dole et à son sac par les francs-archers de Charles d'Amboise, essayant vainement d'écraser la fidélité comtoise en pulvérisant sa capitale. Quand Louis XI mourut et que Charles VIII lui succéda sans hériter de ses rancunes, les religieux d'Acey, pris sous la protection du nouveau roi, s'appliquèrent à réparer leurs ruines. Ils n'y parvinrent qu'après de longues années, et plusieurs abbés s'épuisèrent à cette tâche, que favorisèrent les bienfaits de Marguerite d'Autriche. Pierre de la Michodière de Louhans et Laurent Puget de Rancey, après avoir rétabli l'ordre dans les domaines, reconstruit les métairies, restauré l'église et les bâtiments claustraux, entreprirent d'embellir le chœur et les chapelles d'un décor complet de statues, de groupes et de bas-reliefs de pierre polychrome, qui diminueraient l'austérité d'un édifice dont les proportions et les lignes majestueuses constituaient toute la beauté.

C'était le temps où la Renaissance, débordant de sève, introduisait dans les contrées les plus rebelles la radieuse

---

(1) Louis de Rye mourut le 25 août 1550. J'emprunte sa tombe aux recueils de Gaignières (fonds fr. 20890, p. 73) et de Clairambault (n° 942, fol. 207 v°) conservés à la Bibliothèque nationale.

(2) Je possède, dans des papiers de famille, l'original de cette vente du château de Morogne, faite le 28 juillet 1477 à Pierre Despotots, de Besançon.

floraison de l'art. A nos portes, la délicieuse église de Brou s'achevait à la voix de l'archiduchesse Marguerite pour y faire éclore le féerique assemblage de toutes les merveilles de l'architecture, de la peinture sur verre et de la sculpture la plus raffinée; ses chantiers avaient réuni les plus habiles artistes des Flandres et de l'Italie. Des ateliers de Bresse, clos quand la tante de Charles Quint, morte trop tôt pour ceux dont elle était la douce gouvernante, fut allée dormir son dernier sommeil sous les marbres ciselés par Colombe et Conrad Meyt, nombre de peintres et de sculpteurs se rabattirent sur la Franche-Comté, appelés par les Chalon, les Carondelet, les de Rye. Ce fut peut-être à l'un de ces derniers, non des meilleurs, ou à quelque tailleur d'images employé aux travaux des églises de Dole ou de Gray, que Pierre de la Michodière (1505-1525) et Laurent de Rancey (1526-1545) commandèrent les reliefs et les statuettes en pierre coloriée qui peuplèrent et animèrent jusqu'en 1790 le sanctuaire et les autels de l'abbaye. Complétées par les libéralités de Louis de Rye (1545-1550), à la fois évêque détrôné de Genève, abbé de Saint-Claude et d'Acey, respectées en partie par les aventuriers lorrains de Tremblecourt et les protestants de l'armée de Henri IV, qui de mars à août 1595 violèrent les sépultures de la maison de Rye, profanèrent l'église, pillèrent le trésor et les celliers [1], ces figures contemporaines de Charles Quint peuplèrent seules, de 1636 à 1643, la solitude des cloîtres incendiés par les coureurs franco-suédois de la guerre de

---

(1) Une inscription jusqu'ici inédite, placée dans le chœur d'Acey, rappelait sommairement les ravages des hérétiques de 1595 et la réconciliation de l'église par le suffragant de Besançon, Guillaume Simonin, en 1604. « *Anno Domini 1604 22ᵃ et 23ᵃ mensis maii, id est diebus sabbathi et dominicæ ante Rogationes, ad instantiam admodum reverendi et illustris domini Francisci de Rye, hujus monasterii commendatarii abbatis et supremi decani Bisuntinensis ecclesiæ, reverendus dominus Guillelmus Simonin, archiepiscopus Corinthiensis, illustrissimi reverendi in Christo patris domini Ferdinandi de*

Trente ans. La paix revint et les rares survivants de la plus désastreuse des époques regagnèrent leurs foyers désolés. L'abbé commendataire et ses religieux, réduits à six ou huit, qui représentaient faiblement la ferveur des anciens jours, venaient à peine de fermer les brèches et de remplacer toitures et charpentes, que le 24 avril 1683, un incendie presque général anéantissait une grande partie du monastère : réfectoire, dortoir, chapitre, s'écroulaient avec le cloître, la toiture des nefs brûlait et s'effondrait en grande partie, préparant la chute prochaine de la façade et du porche, outre les voûtes des quatre premières travées du vaisseau principal. Les revenus de terres jadis si fécondes, qu'on venait à peine de remettre en culture après un long abandon, étaient insuffisants pour parer au désastre ; le temps n'était plus aux quêtes abondantes, la décadence des ordres religieux, mais en particulier des bernardins, s'accentuait d'une façon lamentable ; néanmoins la reconstruction du monastère fut décidée. Depuis 1664, le partage des bâtiments et des revenus en deux menses, l'une abbatiale, l'autre monacale, avait séparé des patrimoines et des intérêts jadis solidaires ; ils se groupèrent une fois encore. La vente de plusieurs centaines d'arpents de bois procura les ressources nécessaires ; en 1746, un nouveau cloître entouré de bâtiments à la moderne avait remplacé tous les logis consumés par l'incendie de 1683. Il ne restait plus du passé, outre l'église, qu'un cellier du XIIIe siècle (dont les quatre fenêtres romanes se voient encore dans la basse-cour, regardant le couchant),

---

Longvy dicti de Rye, archiepiscopi Bisuntinensis ecclesiæ sacrique Romani Imperii principis suffraganeus, hanc ecclesiam hæreticorum atque impiorum hominum spurcitiis pollutam una cum cœmeterio et claustris reconciliavit et omnibus fidelibus christianis prædictis diebus hanc ecclesiam in perpetuum vel novem altaria aut unum eorum a se iisdem diebus consecrata visitantibus pro singulo quoque anno quadraginta dies de vera indulgentia in forma ecclesiæ concessit. »

(Ms. Dunand, XXX, 567, *Bibl. Besançon.*)

que le quartier abbatial, bâti vers 1720 au voisinage du moulin, enfin que l'ancien quartier abbatial dit de Rochefort, bâti par Aimé de Rochefort, qui fut abbé de 1372 à 1399 et dont quelques vestiges jalonnent encore l'emplacement. Le cloître neuf s'était élevé presque exactement sur les fondations de l'ancien ; on avait même réduit quelque peu les proportions du chapitre, du réfectoire et des autres lieux réguliers, vu le nombre très restreint des profès et des novices d'une communauté dont la piété intermittente n'édifiait plus guère les alentours. Quant à l'église, on décida de ne relever ni le porche ni les quatre travées effondrées après l'incendie. Les architectes Antoine-Louis Attiret, de Dole, inspecteur des travaux, et Jean-Charles Colombot, auteur des plans, convinrent avec l'abbé Philippe de Saint-André-Marnay et ses religieux, de supprimer au contraire les collatéraux jusqu'à la quatrième travée, et de fermer à cette hauteur par un nouveau mur de façade l'église réduite en plan à la forme d'une croix à branches égales. Cette mutilation, déclarée nécessaire, s'accomplit à Acey, comme on l'avait naguère accomplie dans les abbayes de Bithaine, de la Grâce-Dieu et d'autres encore ; un pignon s'éleva, surmonté d'un fronton triangulaire, percé d'une porte à cintre surbaissé surmontée d'un œil-de-bœuf. Un petit clocher reprit sa place à l'intersection des croisées, complétant la réparation de l'édifice, dont de belles boiseries de chêne revêtirent le chœur, tandis qu'une grille en fer forgé sépara à la hauteur de la première travée voisine du transept le chœur des trois nefs.

Accomplie par l'ancien régime, cette demi-destruction a semblé aux démolisseurs de 1793 une punition suffisante pour la domination exercée durant près de sept siècles sur sept à huit lieues carrées des rives de l'Ognon par les moines cisterciens d'Acey. Avant que quelques spéculateurs se fussent partagé, aux enchères des biens nationaux, les bâtiments, les forêts et les fermes de l'abbaye, les paysans des villages voisins, anciens sujets ou métayers des moines, étaient venus charger à vil prix, d'ornements, de boiseries ou de statues, d'énormes voitures qui ont disséminé dans la contrée ce que le monastère possédait de mobilier intéressant. Depuis, sauvés grâce à leur isolement, les cloîtres d'Acey, sécularisés durant trente-huit ans, eurent cette bonne fortune d'être achetés en 1829 par l'abbé Bardenet, qui y établit un pensionnat de jeunes filles, rachetés en 1854 par les bénédictins, qui essayèrent un établissement éphémère, enfin de rentrer, en 1866, entre les mains des Pères Trappistes de la réforme de l'abbé de Rancé, qui y ont fait revivre la règle et les pieuses et charitables traditions de l'ordre de Citeaux.

II.

Citeaux et Clairvaux, les deux foyers d'un ordre célèbre qui « du Tibre au Volga, du Mançanarez à la Baltique, » répandit en vingt-cinq ans plus de 60,000 religieux, ont créé au XIIe siècle un type spécial d'architecture monastique. Sur l'un ou l'autre de ces monastères fameux dont les dispositions architectoniques se pliaient aux exigences d'une règle qui reste un véritable chef-d'œuvre de conception, se sont modelés avec une fidélité invariable les plans des abbayes nouvelles créées d'année en année et de proche en proche. Au comté de Bourgogne, la première qui s'élève, Cherlieu, emprunte à Clairvaux et dans ses moindres détails, quoique avec une ampleur un peu moindre, le tracé de son église à chevet semi-circulaire, entouré de chapelles carrées ouvertes sur la précinction du chœur, mais rejette sur le flanc gauche de l'édifice plus ensoleillé les lieux réguliers disposés méthodiquement comme à Clairvaux.

Acey, quoique fille de Cherlieu, emprunte au contraire le plan de Cîteaux, d'où venaient sans doute ses premiers religieux ; ici encore, les nécessités de l'emplacement choisi font bâtir comme à Cherlieu, sur le flanc gauche de l'édifice, le cloître et ses dépendances. De même qu'à Cîteaux l'église aura trois nefs, se terminera par une abside carrée, et de chaque côté de cette abside quatre chapelles se répartiront deux par deux, ouvrant sur le transept et s'éclairant à l'orient.

Longue de 76 mètres outre le porche et y compris l'abside, large de 32 mètres au transept, l'église Notre-Dame d'Acey compte trois nefs, celle du milieu mesurant 9 mètres de largeur hors œuvre, les collatéraux 5 mètres seulement. Les nefs comprennent huit travées, communiquant entre elles par seize arcades en tiers-point hautes de 10 mètres, la hauteur des voûtes en croisées d'ogives atteint 20 mètres dans le chœur, le transept et la grande nef ; dans les collatéraux et les chapelles, ainsi que dans l'abside, 11 mètres. Voilà, en y ajoutant un porche aussi large que les trois nefs réunies, mais profond seulement de 5 mètres, soit l'épaisseur d'une travée, les grandes lignes de l'édifice, que complète au dehors, posé sur le carré du transept, un petit clocher en charpente abritant une sonnerie de quatre cloches qu'on dut renouveler à mainte reprise. Les gros murs de l'édifice atteignent en moyenne 80 à 90 centimètres d'épaisseur, consolidés de travée en travée, au dedans par des piliers et des faisceaux de colonnettes, au dehors par des contreforts robustes quoique de faible saillie, dont le double étage s'amortit en un talus fort accentué en abordant la corniche. Ces murs sont couronnés par une corniche de style bourguignon dont les corbeaux sont évidés latéralement en quarts de cercle ; cette corniche, d'un beau caractère, est plus élégante et plus robuste au chevet et au transept que dans la nef et les bas-côtés, où ses supports se simplifient dans le sens de l'économie.

On pénètre dans l'église par quatre portes, et d'abord par la grande porte en tiers-point sommée d'archivoltes en retraits successifs soutenues par des colonnettes, qui ouvre sur le porche ajouré lui-même d'une triple arcade et dont le toit, en appentis, vient s'appuyer contre le pignon principal, regardant l'ouest. En outre, trois portes étroites et rectangulaires, couvertes d'un linteau sommé d'un arc de décharge, s'ouvrent l'une sur le flanc de la première travée du collatéral gauche, c'est le chemin des novices et convers pour gagner leur stalle ; les deux autres à l'extrémité des bras du transept, l'une communiquant avec le chapitre et le cloître, l'autre (celle du bras méridional) conduisant au cimetière. Deux roses semi-circulaires, comprenant chacune sept pétales autour d'un quadrilobe, et disposées elles-mêmes sous une arcature cintrée, rayonnent aux extrémités de la grande nef. A la base du mur de fond du chœur un arc triomphal en tiers-point donne accès au sanctuaire voûté en berceau et éclairé de trois fenêtres en plein cintre. La grande nef compte seize fenêtres du même modèle, les bas-côtés autant ; chacune des quatre chapelles qui ouvrent sur le transept en a trois posées une et deux, en deux étages ; enfin, si dans le chœur, composé de deux travées, la première seule est éclairée de deux baies en regard, le bras gauche du transept en compte six à l'étage supérieur, deux à l'étage inférieur, et le bras droit n'en a que cinq, dont deux seulement au premier étage. Cette irrégularité d'éclairage, jointe à ce fait que la corniche extérieure de ce bras gauche diffère totalement de la corniche du bras droit ou du chevet, indique nettement une reprise de construction. En somme, outre les deux roses, l'église Notre-Dame d'Acey, quand elle était complète, comptait soixante-deux baies cintrées, dont la hauteur, non compris l'ébrasement, atteignait 3 mètres sur 1^{m}30 de largeur, et qui reposaient au dehors comme au dedans sur un cordon de forte saillie constituant à lui seul, surtout à

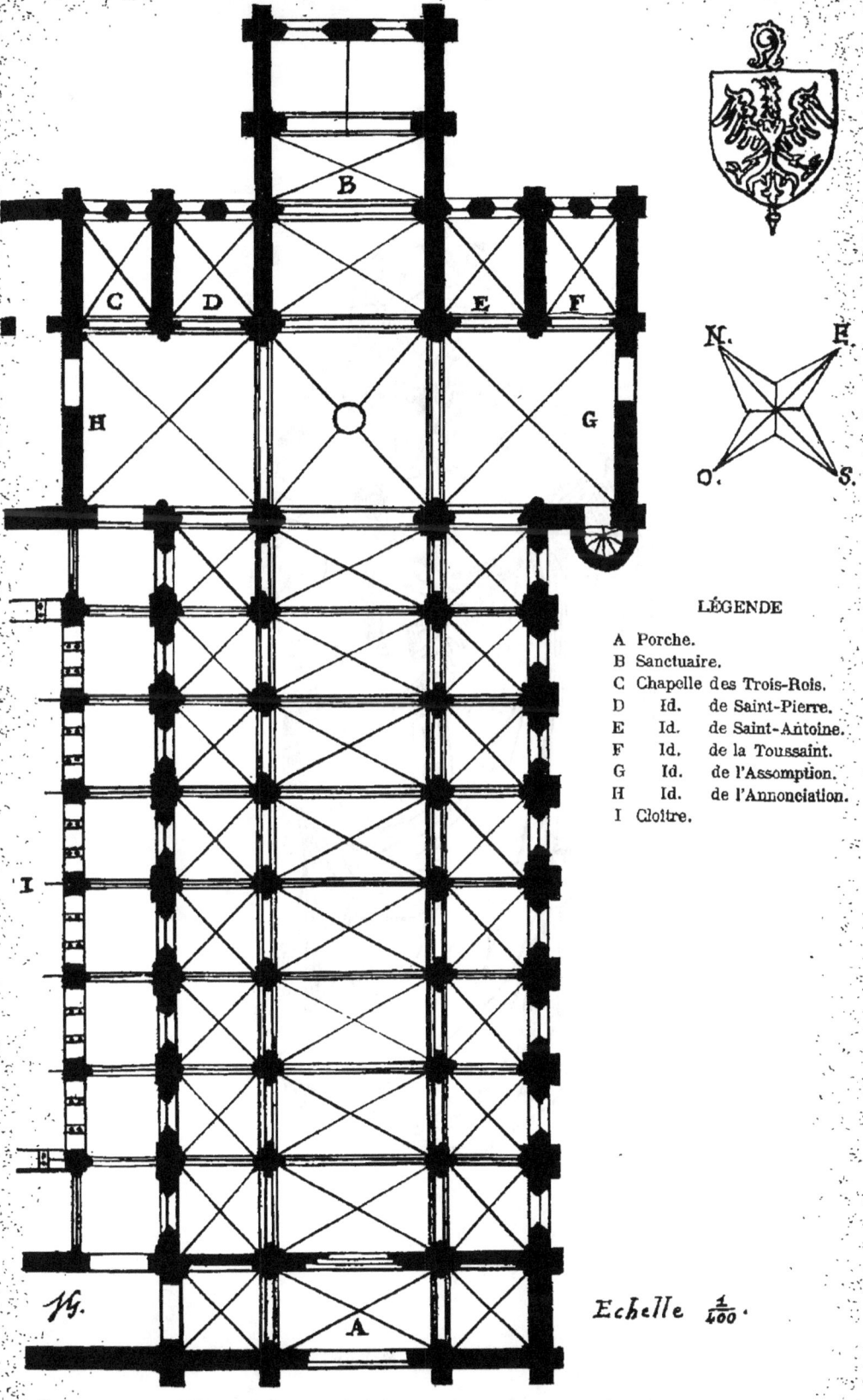

Plan de l'église abbatiale d'Acey (XIIe-XIIIe s.)

Saint Jacques le Majeur

Statue en pierre provenant d'Acey (XVIe s.). Eglise de Sornay (Haute-Saône)

LVDOVICVS DE RYE EPISCOPVS ET
PRINCEPS GEBENNENSIS A VIVIS DECESSIT
VIGESIMA QVINTA AVGVSTI ANNO
DOMINI MILLESIMO QVINGENTESIMO
QVINQVAGESIMO CVIVS CORPVS IN
SACELLO IVXTA TEMPLVM DE THERVAY
ELEGANTI STRVCTVRA EIVSDEM IVS
SV AC EXPENSIS DVM ADHVC SVPERSTES
ESSET CONSTRVCTO SEPVLTVM EST
CAETERVM COR EIVS HOC IN LOCO
VT TVMVLVS INDICAT REQVIESCIT.

Inscription funéraire recouvrant le cœur de Louis de Rye, abbé d'Acey, évêque de Genève (1548-1550), 1550. — Chœur d'Acey

l'intérieur, où ses moulures sont profilées avec plus d'art, un décor fort appréciable.

Pénétrons dans l'intérieur de l'édifice ; chaque travée de la grande nef comprend trois étages, l'arc en tiers-point avec archivolte qui ouvre sur le bas-côté ; une surface lisse comprise entre deux bandeaux d'inégale épaisseur, le plus élevé servant d'appui au formeret soutenant la voûte et à la fenêtre cintrée qu'il entoure. De travée en travée un pilier carré fait saillie, cantonné sur chaque face d'une colonne engagée, qui sur la face principale monte pour recevoir à la hauteur du deuxième bandeau sur le tailloir d'un chapiteau la retombée du doubleau en tiers-point qui couvre la nef, tandis que sur ses flancs elle recevra l'archivolte des arcades et que par derrière elle soutiendra le doubleau du collatéral. Tous les chapiteaux de ces colonnes hautes ou courtes, grosses ou menues, sont invariablement décorés de feuilles d'eau avec très légers crochets, quelquefois de denticules ou de feuillages sommaires, sans la moindre trace de figures d'hommes ou d'animaux. N'oublions pas de mentionner à la hauteur des chapiteaux des bas-côtés un cordon ou petite corniche saillante formant un léger entablement qui suit tous les contours des piliers et des colonnettes et rompt comme à Vézelay, de la façon la plus heureuse, la monotonie des grandes lignes verticales. Les quatre piliers qui soutiennent le carré du transept, appelés à supporter sur leurs robustes assises le poids d'un clocher, sont plus massifs et plus soignés d'exécution. Les angles du pilier carré, autour duquel se profilent six colonnes engagées, sont chanfreinés à la mode bourguignonne, de façon à donner l'illusion de minuscules colonnettes. Les quatre chapelles, dont l'ouverture est équivalente à celle des bas-côtés, mesurent chacune cinq mètres de profondeur et autant de largeur, puisque deux réunies égalent la longueur d'un bras du transept. Remarquons à ce sujet que le plan primitif du transept d'Acey comportait deux compartiments de voûte dans chaque bras et qu'au cours des travaux, après avoir voûté le carré, on s'est borné à les couvrir au moyen d'une seule croisée d'ogives, de façon que le faisceau de colonnettes engagées destiné à recevoir le doubleau et les retombées des arcs ogifs, de part et d'autre, a dû s'arrêter, sans emploi, en arrivant au bandeau du premier étage. Dans le chœur, voûté de deux compartiments, on a procédé en ordre inverse pour économiser la place en supprimant la saillie des pilastres et colonnettes ; le doubleau et les retombées des arcs et des formerets reposent sur des chapiteaux dont les pilastres et colonnes rudimentaires se terminent en culs-de-lampe à onze mètres du sol, et s'appuient sur le second étage de cordons (le chœur en comporte trois). Quand nous aurons mentionné au-dessus de la première chapelle de droite et de la seconde chapelle de gauche deux baies servant à pénétrer entre leurs voûtes et leurs charpentes, quand nous aurons indiqué dans chacune de ces chapelles, sur le flanc droit des autels dont deux colonnettes trapues, à chapiteaux semblables à ceux des nefs, appuyées contre des pieds-droits supportaient la table, des crédences ou piscines séparées par une cloison moulurée, et mentionné, dans le bras droit du transept, un charnier rempli d'ossements entassés, nous aurons épuisé les détails d'architecture renfermés dans le grand vaisseau, dont un plan et quelques dessins feront mieux connaître les majestueuses proportions.

Des caractères généraux que nous venons de décrire, comme de certains détails des voûtes et des corniches, nous pouvons déduire les conclusions suivantes au point de vue de la date de construction de l'église d'Acey. Le sanctuaire (détruit et depuis réédifié sur ses fondations encore visibles par les Pères trappistes), le chœur, le carré du transept et le bras droit du même transept datent de la fin du XIIe siècle, c'est-à-dire de la rentrée dans leur cloître des cisterciens chassés par Frédéric Barberousse, au plus tard. Le bras gauche du transept, les nefs et le porche ont été construits seulement au début du XIIIe siècle et achevés à une date qui ne doit pas dépasser la période de 1250 à 1270. La démonstration, en ce qui concerne le bras gauche du transept, est facile à faire, car outre les modifications apportées aux corniches extérieures, dont les corbeaux cessent d'appartenir au vieux type bourguignon du XIIe siècle pour revêtir la forme banale de saillie de poutrelle, les constructeurs maladroits ont surhaussé de deux mètres environ la voûte de cette portion de l'édifice (22 mètres au lieu de 20), faute d'avoir bien calculé les cintres de leurs charpentes. Pour le reste de l'édifice, la membrure des voûtes, des piliers, des colonnettes, la taille des matériaux, le profil des arcs, la sculpture des chapiteaux, suffisent à caractériser l'époque, combinés avec un certain nombre de textes qui montrent dès 1260 les sépultures dans le chœur, le chapitre, les chapelles, multipliées avec les fondations pieuses.

Si nous passons au cloître primitif, remplacé en 1746 par une construction neuve, nous constaterons les points suivants que nous révèlent d'une part des textes descriptifs des XVIe-XVIIIe siècles, de l'autre des chapiteaux géminés recueillis en certain nombre dans les dépendances d'Acey. Les quatre allées du cloître, dont l'une, celle du sud, s'appuyait au collatéral gauche (de la première à la sixième arcade en partant du carré du transept), dont l'autre, celle de l'est, s'appliquait en appentis contre le bras gauche du transept, continué par la sacristie et le chapitre, mesuraient 30 mètres de côté et entouraient un préau dont un puits marquait le centre. Elles n'étaient point voûtées, mais couvertes d'une simple charpente lambrissée, chacune de leurs travées (8 dans chaque sens), marquée au dedans du préau par un léger contrefort, était ajourée d'une triple arcade cintrée soutenue partie par des colonnes géminées, partie par des pilastres reposant sur un bahut à hauteur d'appui.

Nous arrivons à l'ornementation très sobre de l'église. Les fenêtres, où l'on voyait encore au dernier siècle quelques traces de verres de couleur, n'avaient jamais admis d'autre décor que des losanges translucides avec bordures rehaussées peut-être aux xve-xvie siècles de quelques armoiries d'abbés. Dans le chœur, les tombeaux de la maison de Rye, dalles à personnages pavant le sol, inscriptions, armoiries et figures couvrant les parois, des stalles en belle ordonnance renouvelées en 1760 sur les dessins de l'architecte Colombot, enfin les retables d'autels disséminés au nombre de neuf ou dix dans le chœur, les chapelles ou les nefs, appelaient seuls l'attention du visiteur.

Le maître-autel dédié à la Vierge, placé sous l'arc triomphal du sanctuaire, supportait un retable en fine menuiserie surmonté d'une petite tourelle, haute d'un pied, soutenue par un bras de fer et renfermant le ciboire. En arrière, supportées par le large chapiteau de trois courtes colonnes torses, trois statues en pierre polychrome : une Notre-Dame tenant l'Enfant, ayant à sa droite un *Ecce homo*, à sa gauche un saint Bernard, sculptées tout au début du xvie siècle, sous le gouvernement de Pierre de la Michodière, de Louhans ; le soubassement de l'*Ecce homo*, portant cette devise : DEUM TIME, COGITA MORI, présente en effet sur un écusson les initiales F. L. M. enlacées dans un lacs d'amour. Un second autel placé plus bas, dans l'axe du chœur entre les deux rangs de stalles, connu sous le nom d'autel de Rye ou de Notre-Dame de Pitié, est orné d'une piéta de même style que les statues du maître-autel et de même provenance, car son socle est, lui aussi, décoré d'un blason aux initiales F. L. M. (1).

---

(1) Cette statue, comme l'*Ecce homo*, est conservée dans l'église de Sornay (Haute-Saône), qui a recueilli encore en 1791, grâce à son curé,

Passons aux chapelles : la première sur la droite est dédiée à saint Antoine, la seconde à Tous les saints; la première sur la gauche à saint Pierre, la seconde aux Trois Rois. Dans le transept, deux autels adossés aux murs de façade se font vis-à-vis, celui de droite sous le vocable de l'Assomption, celui de gauche sous celui de l'Annonciation.

Sur ce dernier, deux statues de pierre peinte reproduisent la scène traditionnelle de la Vierge agenouillée devant un prie-Dieu, les mains jointes, en costume contemporain de Marguerite d'Autriche, écoutant la salutation qu'un ange vêtu d'une robe blanche et d'une chape, le genou ployé et tenant un sceptre, lui adresse, et dont le texte : AVE, GRATIA PLENA, DOMINVS TECVM, est gravé en minuscules gothiques sur une banderole qu'il tient en main.

Sur l'autel de l'Assomption le retable figure l'arbre de Jessé. Le patriarche endormi porte les vêtements d'un seigneur de la cour au temps de François Ier; au col entouré de fourrures pend une chaîne d'or ; il semble rêver aux destinées de sa race, dont toutes les générations se déroulent sur les branches vigoureuses d'un arbre dont Jessé forme la racine. Douze rois : DAVID, SALOMON, MANASSÈS, ABIA, JOAS, ACHAZ, ROBOAM, JOATHAM, OSIAS, JOSAPHAT, ASA et JORAM, tenant, le premier, une harpe, les autres, un sceptre et une banderole où est gravé leur nom précédé d'un R (rex), s'étagent assis dans le feuillage, trois par trois, jusqu'au moment où la pyramide atteint son faîte, couronnée par la Vierge tenant son fils, debout les pieds sur un croissant de lune. Au-dessus de sa tête, dans des nuages d'où sortent deux anges montrant le texte de la prophétie : EGREDIETVR VIRGA DE RADICE JESSE, la Trinité se réunit sous un dais d'architecture semi-Renaissance, semi-gothique, le Saint-Esprit planant, le

---

M. Paris, au prix de 30 francs, toute une voiture de statues, parmi lesquelles les deux personnages de l'Annonciation, l'arbre de Jessé, et une piscine avec légende, dont il sera parlé plus loin.

Père éternel et Dieu le Fils vus de buste, tenant une couronne au-dessus de la tête de la Vierge. Cette œuvre, d'un caractère naïf, mais d'un grand intérêt, est incontestablement l'œuvre du ciseau qui a sculpté l'*Ecce homo ;* on la doit par conséquent à Pierre de la Michodière.

Dans la chapelle de la Toussaint, le retable en pierre peinte, haut de quatre-vingts centimètres, large d'un mètre, réunit sur un socle unique la Vierge couronnée par deux anges, et portant sur le bras droit l'Enfant Jésus, à quatre saints ou saintes. A sa droite, c'est sainte Catherine portant un livre et une épée, accostée d'une roue et foulant aux pieds la tête barbue d'un tyran, puis saint Nicolas en vêtements pontificaux, tenant sa crosse et bénissant les trois enfants dans une cuve. A gauche, c'est sainte Barbe tenant une palme et une tour, à côté de saint Laurent en dalmatique, caractérisé par le livre du diacre et le gril du martyr. La présence de saint Laurent et le style des figures, plus moderne que celui de l'Annonciation ou de l'arbre de Jessé, trahit la date de 1540 et les bienfaits de l'abbé Laurent Puget de Rancey. Dans la même chapelle, deux statuettes, l'une de saint André, l'autre de saint Laurent, également en pierre et de facture semblable, portent d'ailleurs les armes de ce dignitaire ecclésiastique : *une bande chargée de trois coquilles, accostée de deux roses.*

La chapelle des Trois-Rois a aussi son retable représentant la Vierge à l'Enfant assise devant saint Joseph et recevant les hommages de Gaspard, Melchior et Balthazar, comme on les voit encore à Étrabonne, comme on les voyait jadis au prieuré voisin du Moutherot.

Dans celle de Saint-Antoine, jadis dédiée à saint Benoît et saint Bernard, le retable, toujours polychrome, représente cette figure si populaire au moyen âge de la Vierge protégeant les hautes classes de la société. Elle est debout, tenant la boule du monde, que l'Enfant assis sur son bras droit essaie de lui dérober ; sur ses épaules flotte un large manteau que deux abbés crossés, debout aussi à ses côtés (saint Benoît et saint Bernard), développent, abritant sous ses plis, d'un côté un pape, un cardinal, un évêque et un abbé agenouillés, de l'autre, en même posture, l'empereur, un chevalier, un grand seigneur et un magistrat. Tous les costumes sont contemporains de Charles-Quint, dont on reconnaît le portrait, et une inscription tracée sur le socle nous donne le nom du cellérier d'Acey qui donna ce bas-relief à son monastère : HANC. TABVLAM. CONSTRVXIT. FRATER. BERNARDVS. B[ER]. DER. CELL[ERARIVS]. HVI[VS]. DOMVS.

Dans la chapelle de Saint-Pierre, un bas-relief, aujourd'hui partagé entre l'église de Thervay et celle de Gendrey, représentait, sur l'autel, le Christ entre ses douze apôtres, ces derniers logés deux par deux sous les arceaux gothiques surbaissés, sommés de pinacles et de choux rampants. A gauche, les apôtres étaient rangés dans l'ordre suivant : saint Simon tenant une croix, saint Barthélemy un couteau, saint Thomas une équerre, saint Jacques le Majeur un bourdon, saint Jean un calice, saint Pierre une clef. A droite, venaient saint Paul avec une épée, saint Matthieu avec une scie, saint André caractérisé par une croix en sautoir, saint Jude par une pique, saint Matthias par une hallebarde, et saint Jacques le Mineur par un gourdin.

Un saint Jacques avec sa besace et son bourdon qu'on voit encore à Sornay, avec un débris de crédence surmonté d'une accolade et de deux anges portant une banderole avec ces mots : LAVABO MANVS MEAS ; une statue de la Vierge à l'Enfant longtemps vénérée dans la chapelle détruite du Vaudenay et recueillie dans l'église de Vitreux avec quelques boiseries du XVIIIe siècle, une cloche du XVIe siècle à l'effigie de Notre-Dame et des saints Georges, Michel et Sébastien, protecteurs contre la foudre, à l'inscription gothique : JESVS AVTEM TRANSIENS PER MEDIVM ILLORVM IBAT, appartenant aujourd'hui à l'église de Pagney, représentent seuls, avec les statues, groupes ou bas-reliefs que je viens de décrire, les dernières épaves du mobilier de l'église d'Acey.

Si tous ces débris, que les orages du dernier siècle ont dispersés sur les rives de l'Ognon, étaient de nouveau réunis sous les voûtes des nefs abbatiales, si les pieux religieux, qui y reprennent courageusement l'œuvre commencée au XII° siècle, avaient autant de ressources qu'ils ont de bon vouloir pour consolider et rétablir en son entier le beau monument que j'ai essayé de faire connaître, la Franche-Comté, si pauvre en architecture du passé, pourrait s'enorgueillir de posséder un des plus beaux vaisseaux cisterciens qui soient encore debout.

Malgré sa décrépitude et sa caducité actuelles, qui pourraient à bref délai entraîner une ruine totale, cet édifice mutilé reste quand même, après Baume-les-Messieurs et avant Luxeuil ou Saint-Claude, la plus intéressante de nos constructions monastiques franc-comtoises, et tous les amis de l'archéologie et de l'art se rallieraient à ce vœu, destiné, hélas ! dans cette époque besogneuse, à demeurer platonique, c'est que les pouvoirs publics, avertis, interviennent en hâte pour l'entretenir et le sauver.

PIÈCES JUSTIFICATIVES & COMPLÉMENTAIRES

I. — *Visite de l'abbaye, après la mort de Claude de Bauffremont, évêque de Troyes, par Claude Outhenin, chanoine de Dole, commis par le Parlement, 30 septembre 1593 et jours suivants.*

Religieux : dom Marcel Morelot, prieur ; dom Laurent Symonet, sous-prieur ; Jean Bel dit Guillot, Jacques Javel, Jacques Gantillon, Pierre Gillot, prêtres ; Hugues Dubois, Claude Michotey, Anatoile Bolnes, profès ; Pierre Mandoce, Désiré Belin, novices.

Sacristie : « Ont esté treuvez les reliquiaires et sanctuaires suigans :

1. Neuf calices avec leurs platines, le tout d'argent, l'ung d'iceulx rompu, deux dorez deans et dehors et aultres par le dedans seullement.

2. Item deux aultres calices d'estain avec leurs platines.

3. Ung grand reliquiaire d'argent doré où sont les images de saint Pierre et sainct Laurent et deux anges, le dessus dud. reliquiaire où est une lunette rompue.

4. Ung aultre reliquiaire de cristalin enrichy d'argent deans lequel sont plusieurs reliques de saint Laurent et aultres.

5. Ung aultre reliquiaire de cuyvre doré deans lequel y a quelques reliques.

6. Ung vase d'yvoire où aussi sont plusieurs relicques.

7. Ung petit coffre d'yvoire où aussi sont quelques reliques.

8. Ung petit coffret de bois deans lequel y a une croix d'argent doré remplye de la Vraye Croix et une petite cuyllière d'argent.

9. Une paix d'argent doré.

10. Ung aultre plus grand coffre de boys deans lequel y a deux petits coffretz d'yvoires et plusieurs relicques.

11. Une grande croix de feulles d'argent doré.

12. La crosse abbatialle de cuyvre dorée et argentée avec son estuy.

13. Deux vieux relicquiaires de cuyvre l'ung rompu.

14. Deux aultres vielles croix de cuyvre l'une argentée.

15. Ung aultre reliquiaire de cuyvre.

16. Ung petit tableau de bois de Nostre-Dame où sont plusieurs relicques.

. . . .

17. Une couverte en broderie où est le mistère de la Passion.

18. Ung devant d'hautel de caffas blans où il y a trois images en broderie d'or et d'argent, soye et aultres choses.

(Très nombreux ornements : chapes, chasubles, étoles en damas, satin de Bruges, velours treillis avec ou sans orfrois, tapis, carreaux, habit de velours vert figuré servant à l'image N.-D.).

19. Cinq chandeliers de cuyvre.

20. Cinq lampes d'arain, la plus grande rompue, et une de fert.

21. Deux seaulx, l'ung d'arain et l'autre d'estain....

22. Cinq payres de channettes d'estain.

23. Cinquante livres tant gros que petitz servans à l'usage tant de l'église que aultres.

(Dans le monastère, au corps du logis abbatial, onze chambres appelées : « du maistre d'ostel, des secrétaires, des cuiseniers, de l'aumonier, Nostre Dame, de Monsieur, l'estude, la salle neufve.)

24. « En la gallerie proche la salle, il y a une painture de fut l'empereur Charles cinquiesme nostre souverain seigneur. »

(Cuisine du quartier, salle du commun, sommelerie, chambre de Santans, grand cellier, cave et grenier à foin.)

Les archives du monastère sont disposées dans une petite salle, au premier étage, regardant sur le cloître ; elles remplissent quatre étages de rayons comprenant : 7, 7, 6 et 5 enchâtres.   (*Archives du Jura*, fonds d'Acey n° 1, boîte 13.)

II. — *Classement des archives de l'abbaye d'Acey, en 1593.*

« .... Et ayant interpellé lesd. prieur et religieux de nous conduire au lieu où reposent les tiltres et lectrages despendant de ladite abbaye, ilz nous ont conduict en ung cabinet joignant à la sacristie de lad. église ou avons avec lesd. sieurs fiscaulx veu plusieurs tiltres et enseignemens concernans les biens et droicts de lad. abbaye mis en plusieurs cabinetz. Et comme il a semblé ausd. sieurs fiscaulx que seroit de très grand fraiz d'en faire présentement inventaire, avons délaissé d'y procéder jusques aultrement par lad. court y soit ordonné.

Nous estant toutteffois reservé une des trois clefs dud. cabinet, les aultres deux demeurées ès mains du prieur.

« Inventaire des tiltres et lecttrages de l'abbaye d'Accey faict par nous Claude Othenin, prebstre, docteur ès drois, chanoine en l'église colégiale Nostre Dame de Dole et part la court souverainne de parlement dud. Dole, commis au régime et administration d'icelle abbaye.... led. inventaire commencé faire en lad. abbaye le quart jour du mois d'octobre en présence et a requeste dud. procureur substitué et de noble et sage messire Jacques Clément, aussi docteur ès drois, conseillier et premier advocat fiscal en lad. court, appellé pour scribe Nicolas Thoitot, juré au greffe d'icelle.

« Premier avons trouvé au trésor de lad. abbaye au premier enchastre d'iceluy qui est cothé « Rome » et « Acey » les tiltres suigans....

1er étage. 1er enchastre. Coté A-Z; E 9; Cx; AA-ZZ; CC et 99. — 2e enchastre-7e. Coté AAA-ZZZ; CCC; *Pater*; *Ave Maria*; *Maria mater gratie – suscipe*; *Credo*; *Benedicite*; par I-XXI.

2e étage. 1er enchastre-7e. Coté XXII-LVIII; *Ave Maria*; *Miserere mei* (jusqu'à *conceptus*) A2-Z et C2; A3-Z3, C V et 93; A4, A5, A-L6; *Domine ne in furore — sed tu Domine*.

3e étage. 1er enchastre-6e. Coté A7-F8; *De profundis* (jusqu'à *legem*) A9-K14.

4e étage. 1er enchastre. Coté AB, CD — TV; A15-P16; A-Z V^o-ZV^o; A17-F20.

Table d'aulcungnes des choses plus principalles contenus en la presente inventaire.

Premier enchastre qui est cotté : ROME et ACCEY.
F^{os} XLVII-LXVI.

Second enchastre qu'est escript : FONDATIONS.
F^{os} LXVII-LXXVIII.

Tier enchastre ou est escript : Auxonne et Flamerans, Aspremont, Avrigney. F^{os} LXXIX-XCI.

Quart enchastre : Brans, Bart, Balançon, Bezançon, Brant.
F^{os} XCIII-CIIII.

Cinquiesme enchastre où est escript : Bresilley.
F^{os} CV-CXIIII.

Sixiesme enchastre : Tarvay. F^{os} CXVI-CXXIII.

Septiesme enchastre : Montaigney, Noiront.
F^{os} CXXIIII-CXXX.

Premier enchastre du second estaige ou est escript Colombier et Vaulx-Sainct-Jehan. Rentiers de Velesmes, Chaulmercennes,

Branc, Courcuyre, Fontenay, Auxanges. F⁰ˢ CXXXII-CXLIII.
L'enchastre second de l'estaige second : Chaulmercennes.
F⁰ˢ CXLIIII-CXLV.
Troiziesme enchastre dud. second estaige ou est escript : Chancey, Courcuyre, Fontenay, Pin et Montcley. F⁰ˢ CXLVI-CL.
Quart enchastre du mesme estaige : Dole et Dampierre.
F⁰ CLI.
Cinquiesme enchastre dud. second estaige : Malanges, Labbergement, Batterans. F⁰ˢ CLII-CLV.
Sixiesme enchastre dud. second estaige intitulé : Gendrey et Vaulchanges. F⁰ˢ CLVII-CLIX.
Septiesme et dernier enchastre dud. second estaige où sont escriptz : Montmorel, Amanges, Vurianges, Malanges, Taxennes et Lavans. F⁰ˢ CLXX-CLXXV.
Premier enchastre du tier estaige ou sont escriptz : Montaigney, Motey. F⁰ˢ CLXXVI-CLXXX.
Second enchastre du tier estaige soubz lequel est escriptz : Malans, Peintre, Monrongue, Montmirel, Offlanges et Freisne.
F⁰ˢ CLXXXI-CLXXXV.
Tier enchastre : Neufvelle et Pesme. F⁰ CLXXXVI.
Enchastre quatriesme : Ougney. F⁰ CLXXXIX.
Cinquiesme enchastre : Vitreulx. F⁰ CXCV.
Sixiesme et dernier enchastre : Paigney et Courchappon.
F⁰ CCI.
Premier enchastre du quart estaige : Romanges et Rouzières.
F⁰ CCVII.
Second enchastre : Sermaiges et Saligney. F⁰ CCIX.
Tier enchastre : Salins, Lion le Saulnier, Sornay, Bay, Maigney et Varannes. F⁰ CCXIIII.
Quart enchastre : Taxennes. F⁰ CCXIX.
Cinquiesme enchastre dud. quart estaige soubz lequel est escriptz : Ungrie, Hugye et Vitreulx. F⁰ CCXXVII.
(Acey. — *Arch. du Jura,* vol. couvt. parcheminée.)

III. — *Enquête et révélations sur monitoire faites en l'église de Thervay, 29 septembre 1648.*

L'abbaye est déserte de 1636 à 1642 ou 1643 : les bâtiments en partie détruits, les toitures enlevées. De 1640 à 1641, M. de Crécy, capitaine de Balançon, a fait enlever pour fortifier ce château des quantités de voitures de bois, de fer, carreaux, exemple aussitôt suivi par les paysans des villages voisins.
(*Archives du Jura,* Acey, n° 4, boîte 130.)

BESANÇON. — IMPRIMERIE ET LITHOGRAPHIE DE PAUL JACQUIN.

www.ingramcontent.com/pod-product-compliance
Lightning Source LLC
Chambersburg PA
CBHW070456080426
42451CB00025B/2766